MW01709939

les aventures de

JEANNETTE POINTU

2835-D-9

PAR

WASTERLAIN

REPORTAGES

Couleurs: Studio Vittorio

DUPUIS

LAVAL

VILLE DE LAVAL
BIBLIOTHÈQUE MARIUS-BARBEAU
(JEUNES)

Dépôt légal: février 1989 D.1989/0089/25
ISBN 2-8001-1598-X ISSN 0771-8578
©1989 by Wasterlain and Editions Dupuis.
Tous droits réservés.
Imprimé en Belgique.

QUELQUE PART AU LARGE DES CÔTES DE L'AUSTRALIE...
JEANNETTE POINTU PAR Wasterlain REPORTAGES
VOILÀ L'ÎLE DU DIABLE, C'EST UN LIEU PARTICULIÈREMENT INHOSPITALIER. PERSONNE N'A JAMAIS RÉELLEMENT EXPLORÉ CET ÎLOT VOLCANIQUE, ET LA MÉTÉO NE VOUS SERA PAS FAVORABLE.
ATTENTION, RÉCIF À TRIBORD!
N'AYEZ CRAINTE, COMMANDANT, J'EN AI VU D'AUTRES!
MERCURY
CALYPSO
VOUS AVIEZ RAISON, COMMANDANT, L'ENDROIT NE PARAÎT GUÈRE ACCUEILLANT!
IL EST ENCORE TEMPS DE RENONCER, JEANNETTE. APRÈS TOUT, NOUS AVIONS NOUS-MÊMES ANNULÉ CETTE MISSION À CAUSE DE LA MENACE DU TYPHON...
PAS QUESTION DE REVENIR LÀ-DESSUS!
VOUS SAVEZ, IL NE FAUT JAMAIS AVOIR HONTE DE S'AVOUER QU'ON N'EST PAS À LA HAUTEUR, ÇA NOUS EST ARRIVÉ À TOUS TRÈS SOUVENT,,, VOUS SAVEZ.....
Wasterlain 1
VOUS ÊTES COURAGEUSE, MAIS ÇA NE SUFFIT PAS TOUJOURS. CETTE ÎLE EST UN VÉRITABLE ENFER, JE NE SERAI PAS TRANQUIL...
MA DÉCISION EST PRISE, ET PUIS VOUS N'AVEZ PAS ASSEZ DE MONDE POUR M'ÉPAULER ET VOUS LE SAVEZ!
MERCURY

C'EST SINISTRE, N'EST-CE PAS ?... ET VOS SEULS COMPAGNONS SERONT LES CRABES, LES SERPENTS, LES ARAIGNEES ET SURTOUT DES MILLIARDS DE MOUSTIQUES !
JE SUIS LÀ POUR PHOTOGRAPHIER LA FAUNE ET LA FLORE, PAS POUR PASSER MES VACANCES !
MES GARÇONS VONT MONTER VOTRE TENTE SUR LA PLAGE, C'EST LE SEUL ENDROIT QUI PERMETTE L'INSTALLATION DU CAMP DE BASE. VÉRIFIEZ VOTRE MATÉRIEL... JE PENSE QUE TOUT Y EST : PROVISIONS FILMS, MÉDICAMENTS... LA RADIO, ÇA, C'EST LE PLUS IMPORTANT !...
NOUS ASSURERONS UNE PERMANENCE RADIO DU BATEAU. MAIS VOUS NOUS APPELLEREZ CHAQUE JOUR À MIDI. NOUS VIENDRONS VOUS RÉCUPÉRER DANS DOUZE JOURS SI L'ÉTAT DE LA MER LE PERMET. BONNE CHANCE, PRENEZ GARDE À VOUS !
BRRRRRRRRRRRRRRR...
HHIIIJK HIIIIK HIIIK

CES OISEAUX M'ONT AGRESSÉE DÉLIBÉRÉMENT. JE SUIS PEUT-ÊTRE SUR UN TERRITOIRE DE PONTE.
C'EST VRAI QUE L'ÎLE DU DIABLE MÉRITE BIEN SON NOM... LE DÉCOR OFFRE PLUTÔT UN SPECTACLE DÉSOLANT!
DES IGUANES!... VOILÀ DU TRAVAIL POUR MOI! MON APPAREIL PHOTO, VITE!...
ILS FILENT!... ÉVIDEMMENT, C'EST TOUJOURS COMME ÇA!
ILS SE CACHENT DANS CES HERBES HAUTES, MAIS JE LES RETROUVERAI!
BZZZZZ HAAAAAA...
BZZZZZ
BZZZZZZZZZZ
BZZZZZ BZZZZ
VFFFFFFFFFFFFFF

BZZZZZZZZZZ
LES MOUSTIQUES... JE... JE N'Y VOIS PLUS RIEN!
Bzzzz Bzzz
Bzzzzz
Bzzzz zzzzz
PLOOF!
!
RESTE OÙ TU ES, SALE BÊTE!...
PLATCH
SPLATCH
OUF!... ILS... ILS N'ONT PAS INSISTÉ!... BON DIEU, J'AI HORREUR DE TOUT CE QUI RESSEMBLE À UN CROCODILE! ILS ME GLACENT LE SANG!

C'EST ÉPOUVANTABLE, IL PLEUT SANS ARRÊT. CELA FAIT CINQ JOURS QUE JE N'AI PU SORTIR, ET L'EAU S'INFILTRE PARTOUT !... IL FAUT POURTANT QUE J'APPELLE LE BATEAU PAR RADIO, IL EST MIDI !
6943N
ALFA
34T
ROBINSON APPELLE VENDREDI !... JE RÉPÈTE ... ROBINSON APPELLE VENDREDI !... RÉPONDEZ, VENDREDI, OH, JE VOUS EN SUPPLIE, VENDREDI, RÉPONDEZ !...
TIUUUT TIUUUT
O.K. ! ICI KRRR... DREDI... TIUUT... VOUS REÇOIS TRÈS MAL KRRK... NOUS NAVIGUONS NORD, NORD-OUEST... TIUUUT...
KRRRK
TIUUUUUT
NOUS SOMMES OBLIGÉS DE RETARDER VOTRE RÉCUPÉRATION ... KRRRK ... NOUS FAISONS FACE ACTUELLEMENT À UNE TRÈS FORTE TEMPÊTE QUI SERA SUR VOUS DANS DEUX HEURES !... À VOUS !...
PK
LE RAZ DE MARÉE A EMPORTÉ UNE PARTIE DE MON MATÉRIEL. JE N'AI PLUS RIEN POUR M'ABRITER, JE N'EN PEUX PLUS... DORMIR, JE VOUDRAIS DORMIR...

HUUM!
HAAAA
LA PESTE, ELLE M'A PIQUÉE. C'EST UNE MYGALE... HEUREUSEMENT, ELLE N'EST PAS VENIMEUSE, ET J'AI CE QU'IL FAUT POUR SOIGNER ÇA!
LE SOLEIL EST ENCORE TIMIDE ET LA MER EST ENCORE TRÈS AGITÉE, MAIS IL NE PLEUT PLUS. C'EST DÉJÀ ÇA, JE VAIS POUVOIR EXPLORER UN PEU MON ÎLE!
DIABLE, LA TEMPÊTE A FAIT DES RAVAGES!
OH, ATTENTION, CES PLANTES ONT DES FEUILLES COUPANTES!
DES OISEAUX DE PARADIS! ILS SONT SUPERBES, JE NE PEUX PAS LES RATER, ILS SONT EN PLEINE EXPOSITION!
BZZ
KLIK
TCHIIIK
MACRO

ZUT DE ZUT, JE N'ARRÊTE PAS DE ME GRATTER DEPUIS TROIS JOURS, J'AI DÛ ATTRAPER DES POUX!
!
LÀ, SOUS CES FEUILLES, IL Y A QUELQUE CHOSE QUI BOUGE...
ÇA, C'EST UNE VIPÈRE BERUS! ATTENTION, ELLE VA SE CACHER SOUS LES FEUILLAGES!
SSSSS
ATTENTION À SA QUEUE, ELLE EST ARMÉE D'UN PIQUANT! CE SERPENT ADDERS EST D'HABITUDE PACIFIQUE, MAIS SON VENIN N'EN EST PAS MOINS TRÈS DANGEREUX!
ON NE VOIT PLUS LE CIEL, JE CROIS QUE JE SUIS EN TRAIN DE ME PERDRE! HEUREUSEMENT, J'AI MA BOUSSOLE!
!
IL Y A EU NAUFRAGE CETTE NUIT, LA TEMPÊTE A ÉTÉ TERRIBLE!
CE... CET HOMME S'EST NOYÉ, IL ...IL EST TOUT GONFLÉ ET... MON DIEU, LES CRABES LUI ONT DÉVORÉ LE VISAGE! C'EST AFFREUX! JE... JE VAIS VOMIR...

BHEU
BEUUH
!
SCHHH
MON COUTEAU... MON COUTEAU, VITE...
HHAAAAAAAAA
IL... IL M'A MORDUE AU VISAGE... CE... C'EST UN SERPENT TIGRE, JE... JE N'EN AI JAMAIS VU D'AUSSI GRAND... SON VENIN EST MORTEL... JE SUIS PERDUE...
ON NE RETROUVERA JAMAIS MON CORPS ICI, IL FAUT QUE JE REGAGNE LE CAMPEMENT... LA RADIO... C'EST MON SEUL ESPOIR...
JE... JE N'Y ARRIVERAI PAS, LA TÊTE ME TOURNE, JE N'Y VOIS PLUS, MA RESPIRATION EST DE PLUS EN PLUS DIFFICILE, MES MEMBRES SE PARALYSENT... JE... JE VAIS MOURIR ICI...

AIR FRANCE
MORDUE PAR UN SERP
LA PHOTOGRAP
!
MATCH
MAIS OUI, C'EST BIEN ÇA, VOUS ÊTES JEANNETTE POINTU, LA PHOTOGRAPHE!...
EXCUSEZ-MOI!... VOUS DISIEZ?
J'AI LU VOTRE RÉCIT LÀ, DANS L'ÎLE DU DIABLE. COMMENT VOUS EN ÊTES-VOUS TIRÉE APRÈS LA MORSURE DU SERPENT?...
C'EST L'ÉQUIPE DE RELAIS QUI M'A TROUVÉE INANIMÉE UNE HEURE PLUS TARD!
ÇA A ÉTÉ UNE COURSE CONTRE LA MORT, HEUREUSEMENT ILS ONT PU M'ÉVACUER SUR SYDNEY PAR HÉLICOPTÈRE,
OH ATTENTION!!...
KLONG
AIR FRANCE

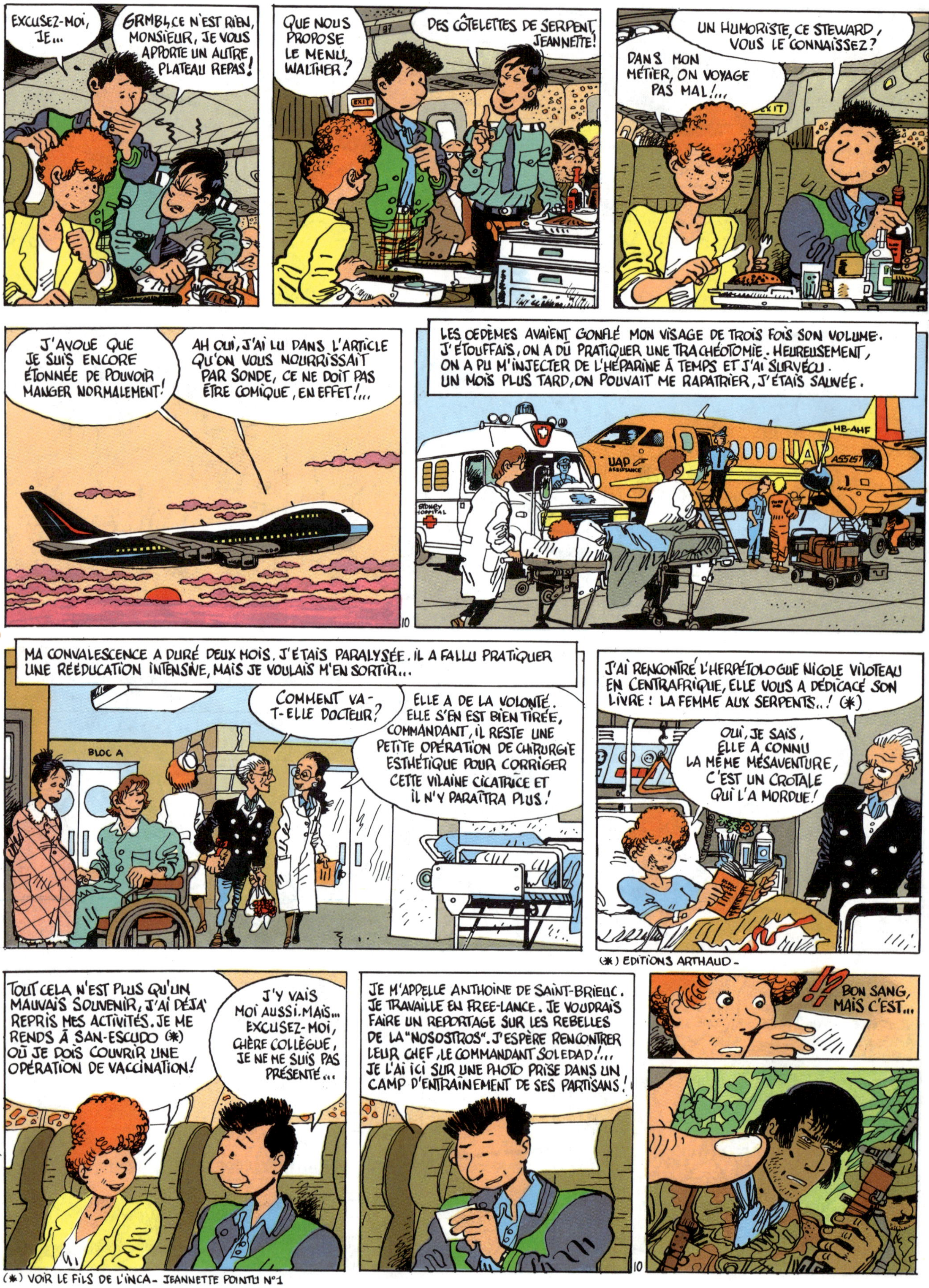

(*) VOIR LE FILS DE L'INCA - JEANNETTE POINTU N°1

COMMENT VOUS ÊTES-VOUS PROCURÉ CETTE PHOTO ?
SECRET PROFESSIONNEL, JE DOIS PROTÉGER MON CORRESPONDANT ! VOUS CONNAISSEZ LE COMMANDANT SOLEDAD ?
C'EST MON AMI JOSÉ LUIS GONZALES, UN GUIDE DE MONTAGNE INDIEN, QUI A ÉTÉ ARRÊTÉ PAR LA POLICE DU COLONEL PEREZ. DEPUIS LORS, ON ÉTAIT SANS NOUVELLES DE LUI. (*)
LE NOUVEAU RÉGIME L'A RELAXÉ, MAIS RAPIDEMENT VOTRE AMI A PRIS LA TÊTE DES QUECHAS RÉVOLTÉS !
AIR FRANCE
REGARDEZ ! DES APPAREILS MILITAIRES ESCUDIENS !!... ILS SE RAPPROCHENT DE NOUS !
(*) VOIR LE FILS DE L'INCA.
COMMUNICATION DU COMMANDANT DE BORD : NOUS SURVOLONS ACTUELLEMENT LA CORDILLÈRE DES ANDES...
LES AUTORITÉS DE SAN-ESCUDO ONT FERMÉ L'AÉROPORT. UN AVION MILITAIRE NOUS ESCORTERA AU-DESSUS DE L'ESPACE AÉRIEN DE CE PAYS ET NOUS NOUS POSERONS DANS VINGT MINUTES AU PARADOR !
NATACHA © WALTHERY - DUPUIS.
ÇA COMMENCE BIEN !!... NOUS VOILÀ DÉJÀ DÉTOURNÉS DE NOTRE DESTINATION INITIALE !... QUE COMPTEZ-VOUS FAIRE, JEANNETTE ?
JE VAIS D'ABORD RÉCUPÉRER MES BAGAGES !
Aeropuertos y Servicios Auxiliares
Servicios de Plataforma
SR05
JE PENSE QUE JE PEUX TENTER D'ÉTABLIR UN CONTACT AVEC LES REBELLES ESCUDIENS À PARTIR D'ICI !
VOUS VOUS RENDIEZ À SAN ESCUDOS ET VOUS ÊTES TOUS LES DEUX JOURNALISTES ?...
POURQUOI ? VOUS AVEZ QUELQUE CHOSE À Y REDIRE ?
NE VOUS AVISEZ PAS D'ALLER VOUS PROMENER SUR LA FRONTIÈRE : C'EST UNE ZONE INTERDITE ET LES GUERILLEROS CONTRÔLENT TOUT, VOUS ÊTES PRÉVENUS !
C'EST POURTANT LÀ QUE JE DOIS ME RENDRE, JE DOIS RETROUVER UNE ÉQUIPE DE MÉDECINS DE L'UNICEF !...
JE NE PEUX PAS VOUS AIDER, VOYEZ LE MINISTÈRE DE LA SANTÉ !
PAS COMMODE, LA MUCHACHA, JE CROIS QU'ON VA AVOIR DES ENNUIS AVEC CES DEUX-LÀ !
JE VAIS LES SIGNALER À LA SÉCURITÉ !

LA COMPAGNIE NOUS A BIEN LOGÉS, J'AI HÂTE DE PRENDRE UNE DOUCHE !... AVEC LE DÉCALAGE HORAIRE, JE SUIS VRAIMENT FATIGUÉE !
MOI, JE VAIS DIRECTEMENT VOIR UN COLLÈGUE AU JOURNAL "EL PAYS", IL POURRA PEUT-ÊTRE M'AIDER À TROUVER UN CONTACT AVEC LES GUERILLEROS ! ON SE VOIT DEMAIN ?
PAN AM
HOTEL
TAXI
115
JEANNETTE POINTU, C'EST ÇA !... IL S'AGIT D'UNE CAMPAGNE DE VACCINATION DONT LE RESPONSABLE EST LA SEÑORA NELLY KRUCHTER !... SI, YO AGUARDA, SI, GRACIAS SENORITA !
TOC TOC
15
ENTREZ !... EUH... ENTRAD !
NELLY !?... (*)
ARRIBA, COMPAÑERA !
J'AI APPRIS QUE TON AVION A ÉTÉ DÉTOURNÉ ET C'EST MIEUX AINSI, CAR NOUS AVONS DÛ QUITTER NOUS AUSSI SAN ESCUDO ! JE N'AI PAS PU TE PRÉVENIR !
QUE S'EST-IL PASSÉ ?
(*) VOIR LE DRAGON VERT / 4x4 PARIS DAKAR.
NOUS AVIONS BIEN DÉBUTÉ DANS LES VILLAGES INDIENS, MAIS LES COMBATS NOUS ONT OBLIGÉS À NOUS REPLIER ICI POUR POURSUIVRE NOTRE TRAVAIL !
NE BOUGE PAS !
ICI EN VILLE, ÇA NE SE PASSE PAS TROP MAL, MAIS EN ZONE RURALE, ON A DES PROBLÈMES ÉNORMES D'ACHEMINEMENT DU MATÉRIEL, NOTAMMENT SUR LA FRONTIÈRE !...
... MAIS IL Y A PLUS GRAVE... DIS, TU M'ÉCOUTES ?

JE T'ÉCOUTE, NELLY, JE SUIS TRÈS CAPABLE DE FAIRE DEUX CHOSES EN MÊME TEMPS !
J'ESSAIE DE T'EXPLIQUER LES PROBLÈMES QUI NOUS ONT ASSAILLIS ET TOI, TU ES LÀ À ME PRENDRE EN PHOTO...
JE SUIS LÀ POUR FAIRE DES PHOTOS, DIS-TOI BIEN ÇA. ET VOUS AUREZ BESOIN DE MOI POUR TÉMOIGNER DE VOTRE TRAVAIL ICI ! TU ES TRÈS PHOTOGÉNIQUE QUAND TU TE FÂCHES COMME ÇA !
KLIK TCHIK KLIK TCHIK
JE NE SUIS PAS FÂCHÉE, JE SUIS EN TRAIN DE CRAQUER !... C'EST QU'IL FAUT AVOIR VU TOUS CES ENFANTS PARALYSÉS PAR LA POLIO DANS LES FAVELAS !
ET LE PLUS GRAVE, ALORS, C'EST QUOI ?
ON A DÛ ABANDONNER L'OPÉRATION EN COURS DANS LA MONTAGNE POUR ÉVACUER NOS DISPENSAIRES SOUS LES BOMBES ! QUE VONT DEVENIR TOUS CES ENFANTS ?
ET ICI, COMMENT CELA SE PASSE-T-IL ?
JE TRAVAILLE SOUS L'AUTORITÉ DU PROFESSEUR MIKOVSKY AVEC L'AIDE DES MÉDECINS LOCAUX ! TU VAS ASSISTER À MA CONSULTATION DANS LE BIDONVILLE !
PEPSI
LA VILLE SE DÉVELOPPE DE MANIÈRE EFFRAYANTE !
LES PAYSANS SANS RESSOURCES ET LES RÉFUGIÉS SONT ENCORE VENUS AGGRAVER LE PHÉNOMÈNE !
TOUS CES GENS VIVENT ICI PRATIQUEMENT SUR LES DÉPÔTS D'ORDURES DANS UNE HYGIÈNE PLUS QUE PRÉCAIRE ! LES MALADIES INFANTILES FONT DES RAVAGES !
IL Y A DE PLUS EN PLUS D'ENFANTS ABANDONNÉS À EUX-MÊMES. ORPHELINS, MENDIANTS, ILS VIVENT DANS LA RUE !... ON VACCINE CEUX QUE LA POLICE ARRÊTE !
EH, OH !... MON APPAREIL PHOTO !
AU VOLEUR ! LADRONE !

TU VAS RAPPORTER ÇA À LA SEÑORA DOCTORA! PRONTO!
GRACIAS! COMO TE LLAMA, NIÑO?
JOASINHO, SEÑORA!
EXCUSEZ-LE, SEÑORA, IL NE VOUS CONNAÎT PAS, IL EST NOUVEAU ICI, C'EST POUR ÇA!
JE VOUS ACCOMPAGNE. ILS NE VOUS IMPORTUNERONT PLUS!
MERCI, JOSÉ! COMMENT VA LE PETIT?
IL EST SAUVÉ, SEÑORA, LA GUÉRISSEUSE NOUS A DONNÉ L'AMULETTE ET LE REMÈDE, L'ENFANT N'A PLUS LE MAL!
QU'EST-CE QUE C'EST QUE CETTE HISTOIRE DE GUÉRISSEUSES?
LES GENS VONT LES CONSULTER, ALORS, NOUS EN AVONS FORMÉ QUELQUES-UNES ET ÇA MARCHE. ELLES SONT TRÈS EFFICACES!
LA SEÑORA TERESA EST CHEZ ELLE?
SI!
ENTRAD, SEÑORA!
ALORS, TU AS COMPRIS?... TU CACHERAS CETTE PATTE DE POULET SOUS SON OREILLER ET TU RÉCITERAS LES PAROLES QUE JE T'AI ENSEIGNÉES. TU VERRAS, TON MARI TE REVIENDRA!
SI!
CELLE-LÀ, SON ENFANT A LA DIARRHÉE. JE LUI AI DONNÉ CE QUE VOUS M'AVIEZ DIT, MAIS J'AIMERAIS QUE VOUS L'EXAMINIEZ!...
IL SE DÉSHYDRATE. JE VAIS LUI DONNER DES ÉLECTROLYTES!
TU AS ENTENDU LA DOCTORA, TU IRAS LA VOIR DEMAIN À LA CONSULTATION ET TU IRAS BRÛLER TROIS CIERGES À LA SANTA MARIA!
!

MUNDIAL
MEXICO
IL A EU LA POLIOMYÉLITE CELUI-LÀ, N'EST-CE PAS ?
OUI. ET IL EN EST RESTÉ PARALYSÉ DES MEMBRES INFÉRIEURS, IL NE PEUT PLUS MARCHER. C'EST LE FILS DE LA FILLE DE TERESA !
QU'EST-CE QU'IL FAIT ?
IL DESSINE, IL N'Y A QUE ÇA QUI L'INTÉRESSE, ÇA ET LES MATCHES DE FOOTBALL À LA RADIO. QUAND JE VIENS, JE LUI APPORTE DES CRAYONS ET DU PAPIER.
BONJOUR, MIGUEL, VEUX-TU MONTRER TES DESSINS À LA SEÑORITA JUANITA ?...
OH SÍ, DOCTORA, SÍ !
15
MIGUEL NE DESSINE QUE DES PERSONNAGES QUI VOLENT. POUR LUI QUI EST PARALYSÉ, C'EST UNE FAÇON D'EXORCISER SON HANDICAP !
ILS SONT MERVEILLEUX TES DESSINS, MIGUEL !
TU PEUX LE PRENDRE, C'EST POUR TOI !
C'EST INCROYABLE, IL EN A FAIT DES MILLIERS ... ... JE SUIS ÉMUE DE SON CADEAU.
VOUS ÊTES ÉMOTIVE, JEANNE. MOI, JE NE PEUX ME LE PERMETTRE. JE VAIS VOUS MONTRER NOTRE CONSULTATION DE QUARTIER !
ON A UNE ÉQUIPE DE BÉNÉVOLES LOCAUX QUI FONT UN TRAVAIL MAGNIFIQUE. C'EST ICI.
DOCTOR
UNICEF
MEDICAL ENGINEERING CORP. WISCONSIN
INTERPLASTING
LE PROBLÈME EST DE GÉRER, EN FONCTION DE LA POPULATION, LE STOCK DE VACCINS REÇUS DU ROTARY INTERNATIONAL VIA L'UNICEF !
EH BIEN, AU SUIVANT ! APPROCHE, MON GARÇON ! CHICO, C'EST TOI ? QUEL ÂGE AS-TU, MON GARÇON ?
CINCO, SEÑOR !
15
C'EST RIEN DU TOUT, TU VAS VOIR, ÇA NE FAIT PAS MAL. TU N'AS PAS PEUR D'UNE PETITE PIQÛRE ? TU NE VAS PAS PLEURER DEVANT LA SEÑORA, TU ES UN HOMME, CHICO !
SÍ, DOCTOR. MAIS J'AI PEUR QUAND MÊME !

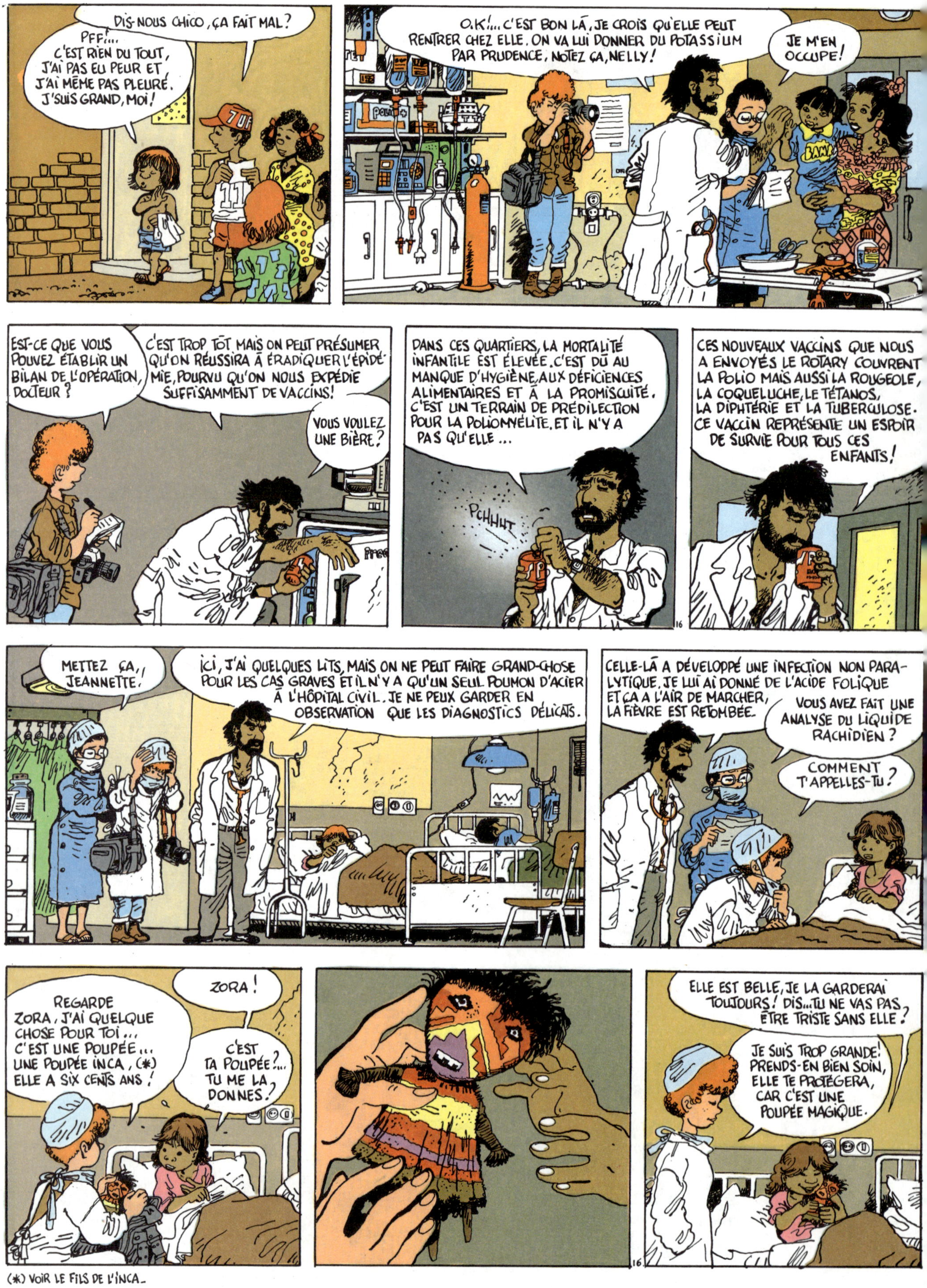

(*) VOIR LE FILS DE L'INCA.

IL VEUT VOUS PARLER.
SEÑORA...
!
ICI, C'EST PLUS GRAVE, LES VOIES RESPIRATOIRES SONT ATTEINTES, JE... JE NE PEUX PLUS RIEN FAIRE...
JE T'AI VUE, TU AS DONNÉ UNE POUPÉE À ZORA... POURQUOI J'EN AI PAS, MOI ?...
!
NON !
DEMAIN JE T'APPORTERAI UNE TRÈS BELLE POUPÉE RIEN QUE POUR TOI, TU VERRAS, JE REVIENDRAI DEMAIN !...
DEMAIN, SEÑORA ?...
C'EST HORRIBLE, JE NE ME SUIS PAS RENDU COMPTE, NELLY, C'EST AFFREUX !
JE T'AI DÉJÀ DIT QUE TU ÉTAIS TROP SENSIBLE, MAIS JE CROIS QUE TU COMMENCES À COMPRENDRE !
JOSÉ TE RAMÈNE EN VILLE. ON SE RETROUVE CE SOIR À L'UNIVERSITÉ POUR LA CONFÉRENCE DU PROFESSEUR MIKOVSKY !
DIABLE, C'EST UNE GROSSE VOITURE ! C'EST À VOUS, JOSÉ ?
SI, SEÑORA ! DESCENDEZ DE LÀ, LES ENFANTS !
POUR LA VOITURE... BAH, QUAND ON N'A MÊME PAS LE NÉCESSAIRE, POURQUOI SE PRIVER DU SUPERFLU, N'EST-CE PAS, SEÑORA !...
ATTENTION JOSÉ, VOUS ROULEZ À GAUCHE ET... CUIDADO !... LE FEU EST PASSÉ AU ROUGE !

NOUS SOMMES PASSÉS, C'EST UN MIRACLE ! NE SAVEZ-VOUS PAS QU'IL FAUT S'ARRÊTER AU FEU ROUGE ?
S'ARRÊTER AU FEU ROUGE ?!... MA... PERSONNE IL S'ARRÊTE AU FEU ROUGE, ICI !
JE TROUVE LA FAÇON DE CONDUIRE DE VOS COMPATRIOTES FORT DANGEREUSE, JOSÉ !
IL FAUT VIVRE DANGEREUSEMENT, SEÑORA, LA VIE EST TROP COURTE !
RIEN À FAIRE, SEÑORITA, C'EST LA CHAÎNE DE DISTRIBUTION QUI EST CASSÉE, IL FAUT POUSSER !...
C'EST PAS VRAI !?...
AH, C'EST GAI, J'VOUS JURE !
ÇA VA ALLER, SEÑORA, L'AUTOBUS VA NOUS POUSSER !... MONTEZ !
VROM VROOM VROM
EH BIEN, NOUS Y SOMMES, VOILÀ VOTRE HÔTEL ! JE PASSE VOUS CHERCHER DEMAIN, SEÑORA ?
NON, NON !... NON MERCI, JE PRENDRAI UN TAXI !
BANG
TAXI
HOT
EXCUSEZ-MOI, JE...
JEANNETTE ! OÙ ÉTIEZ-VOUS PASSÉE ?
ANTOINE !... ALORS, AVEZ-VOUS PU ÉTABLIR UN CONTACT ?
LIFT
JE DOIS RENCONTRER CE SOIR UN ÉMISSAIRE DES GUÉRILLEROS. J'ESPÈRE QU'IL POURRA M'AIDER.
CELA M'INTÉRESSE BEAUCOUP, MAIS SOYEZ PRUDENT.
NE VOUS INQUIÉTEZ PAS, JE VOUS TIENDRAI AU COURANT !

LE VOILÀ, C'EST LUI, IL PREND UN TAXI!
TAXI!
malboro
PARKING
HOTEL MIRAM
ALLONS-Y, SUIVONS-LE!
TAXI
IL EST MONTÉ DANS LA MERCÉDÈS, MAIS IL Y A UNE VOITURE DES SERVICES SPÉCIAUX QUI LE PISTE!
ÇA VA, ON VA S'EN OCCUPER. MONTE, PRONTO!
BROOM, BROM
LES VOILÀ! ICI, ÇA IRA!...
BROOMM
CUIDADO!
!
BLANK
HAAAAA!
IL EST FOU, CELUI-LÀ!...
!
BROOMVROOOM
HIIII
QUE SE PASSE-T-IL, QUI ÊTES-VOUS?...
MONTEZ DANS LE CAMION, DÉPÊCHEZ-VOUS, VITE, VITE!

AU MÊME MOMENT, JEANNETTE POINTU SORT PRÉCIPITAMMENT DE SON HÔTEL.
TAXI, SEÑORA?
BON DIEU, JE VAIS ÊTRE EN RETARD, C'EST BIEN MOI, ÇA!
OH, EXCUSEZ-MOI, JE... JE SUIS PRESSÉE, JE VAIS À L'UNIVERSITÉ POUR LA CONFÉRENCE DU PROFESSEUR MIKOVSKY!...
LE PROFESSEUR MIKOVSKY, C'EST MOI!
OH, ÇA ALORS!... PERMETTEZ, PROFESSEUR, JE SAIS QUE VOUS FAITES UNE INSPECTION DES VILLAGES DEMAIN, POURRAIS-JE VOUS ACCOMPAGNER? JE SUIS UNE AMIE DE NELLY! ENCORE UNE, S'IL VOUS PLAÎT!...
KLIK TCHIK
HUM, JE CROIS QUE JE N'ARRIVERAI PAS À VOUS EN EMPÊCHER, N'EST-CE PAS?
VOUS VERREZ, MES MÉTHODES SONT UN PEU SPÉCIALES... J'INTÈGRE AUTANT QUE POSSIBLE LES MÉDECINES TRADITIONNELLES DANS L'OPÉRATION!
DÈS LORS, LA POPULATION NOUS FAIT CONFIANCE POUR LES CHOSES SÉRIEUSES ET ELLES LE SONT... NOTRE OBJECTIF EST D'ANNIHILER LA POLIOMYÉLITE D'ICI L'AN DEUX MILLE!
TAXI 0033
PROFESSEUR, POUVEZ-VOUS RÉPONDRE À QUELQUES QUESTIONS?
APRÈS LA CONFÉRENCE, MESSIEURS!
MADEMOISELLE POINTU? ON VOUS DEMANDE AU TÉLÉPHONE: CABINE TROIS DANS LA SALLE DE PRESSE!
!
ALLÔ?
MADEMOISELLE POINTU?... ÉCOUTEZ BIEN, NE POSEZ PAS DE QUESTIONS!
IL Y A UNE ENVELOPPE POUR VOUS DERRIÈRE L'APPAREIL! VOUS L'AVEZ?
EUH, OUI! QUI ÊTES-VOUS ALLÔ, ALLÔ
ON A RACCROCHÉ!... QU'EST-CE QUE C'EST QUE ÇA? UN BILLET DE CENT ESCUDOS DÉCHIRÉ ET UNE PLACE POUR LE MATCH DE FOOTBALL DE CE SOIR!?... C'EST UN RENDEZ-VOUS!
OH LÀ, OÙ EST LA SALLE DE CONFÉRENCE?! SAPRISTI, JE VAIS ENCORE ME FAIRE REMARQUER!
PAS PAR LÀ!...
!

HAHAHAHA HAHAHA...
!
EH BIEN, ENTREZ, MADEMOISELLE, ON N'ATTENDAIT PLUS QUE VOUS...
San Diego University
JE SUIS GÊNÉE!!... CELA N'ARRIVE QU'À MOI, ÇA!
CHAQUE ANNÉE, PLUS DE TROIS MILLIONS D'ENFANTS MEURENT ET UN NOMBRE SEMBLABLE RESTENT INFIRMES DU FAIT DE MALADIES POUVANT ÊTRE PRÉVENUES PAR LA VACCINATION!... NOUS NOUS PROPOSONS DE VACCINER 250 MILLIONS D'ENFANTS D'ICI L'AN 2.000 !...
CHAQUE MINUTE, SIX MALADIES : LA ROUGEOLE, LE TÉTANOS, LA COQUELUCHE, LA TUBERCULOSE, LA DIPHTÉRIE ET LA POLIOMYÉLITE TUENT HUIT ENFANTS DE MOINS DE CINQ ANS DANS LES PAYS DU TIERS MONDE.
IL NE FAUT QUE CINQ DOLLARS POUR IMMUNISER COMPLÈTEMENT UN ENFANT CONTRE LES SIX MALADIES MORTELLES - CE VACCIN EXISTE -
L'UNICEF ET L'OMS, AUXQUELS SE JOIGNENT TOUTES LES ÉNERGIES (AIDES D'ÉTATS, ASSOCIATIONS CARITATIVES, LAÏQUES OU AUTRES, DONS PRIVÉS) ORGANISENT ET ADMINISTRENT L'ACHEMINEMENT DES PERSONNELS ET DES MATÉRIELS SUR LES CINQ CONTINENTS.
61-21
POLIO
UNICEF
À TITRE D'EXEMPLE, LE BURKINA A VACCINÉ TROIS MILLIONS D'ENFANTS EN 1985 LORS D'UNE REMARQUABLE OPÉRATION "COMMANDO".
AU BENGLADESH, L'OPÉRATION ANTI-POLIO FINANCE POUR 2 MILLIONS DE DOLLARS LA FOURNITURE DE VACCINS.
EN THAÏLANDE, DANS LES CAMPS DE RÉFUGIÉS KHMERS, LES OPÉRATIONS SE POURSUIVENT AVEC L'AIDE DES MÉDECINS DU MONDE ET DES MÉDECINS SANS FRONTIÈRES.

AU BRÉSIL, LE PROGRAMME NATIONAL, ASSISTÉ DE L'ÉGLISE CATHOLIQUE, A RÉDUIT LES CAS DE POLIO DE 2.000 À 40 RÉPERTORIÉS EN 1984. 20 MILLIONS D'ENFANTS ONT REÇU LA VACCINATION.
PARTOUT DANS LE MONDE, DES ORGANISATIONS NATIONALES OU PRIVÉES AGISSENT. ELLES PERMETTENT DE RÉDUIRE L'ÉCHÉANCE ET SE CHARGENT DE RÉUNIR LES FONDS INDISPENSABLES À L'ACHAT DES VACCINS. VACCINER TOUS LES ENFANTS REVIENDRAIT À ENVIRON 500 MILLIONS DE DOLLARS PAR AN, UNE SOMME INFÉRIEURE AUX DÉPENSES MILITAIRES MONDIALES TOUTES LES SIX HEURES. NOTRE DÉTERMINATION EST D'ÉRADIQUER LA POLIOMYÉLITE DE LA SURFACE DU GLOBE. JE REMERCIE LES AUTORITÉS DE CE PAYS QUI ONT PERMIS LA TENUE DE CETTE CONFÉRENCE.
CEPENDANT, SI NOTRE ACTION S'EST NORMALISÉE EN ZONE URBAINE ICI-MÊME, NOUS NE DEVONS PAS OUBLIER LES MILLIERS DE RÉFUGIÉS QUI S'ENTASSENT DANS LES CAMPS SUR LA FRONTIÈRE OÙ LES COMBATS DE GUÉRILLA RENDENT PLUS DIFFICILE ENCORE NOTRE MISSION. JE RÉPONDRAI MAINTENANT À VOS QUESTIONS. MERCI DE VOTRE ATTENTION.
A-T-ON L'ASSURANCE QUE LES DONS RÉCOLTÉS SONT RÉELLEMENT AFFECTÉS À L'ACHAT DE VACCINS SANS SE PERDRE EN CHEMIN?...
C'EST UNE TRÈS BONNE QUESTION!
L'O.M.S. ET L'UNICEF GÈRENT DIRECTEMENT L'ARGENT QUI LEUR EST CONFIÉ ET SA RÉPARTITION PONCTUELLE SUR LE TERRAIN. TOUS LES CHIFFRES SONT PUBLIÉS ET PEUVENT ÊTRE CONSULTÉS. D'AUTRES QUESTIONS?...
TU NOUS QUITTES DÉJÀ?...
OUI, NELLY, JE... J'AI UN RENDEZ-VOUS, HEU... JE VAIS VOIR UN MATCH DE FOOT.
UN MATCH DE FOOT ?!... KÉSAKO ?!
'Y A DE L'AMBIANCE! QUELLE FIESTA!
C'EST TOUJOURS COMME ÇA QUAND IL Y A UN MATCH IMPORTANT!
TAXI
PARDON, CETTE PLACE M'EST RÉSERVÉE!
EXCUSEZ-MOI SEÑORITA!
Coca Cola

JE N'AI PLUS QU'À ATTENDRE CELUI QUI M'A FIXÉ CE MYSTÉRIEUX RENDEZ-VOUS !...
HABANOS
VIVAAAOLLÉÉÉ
FRISKO, CHOCOLATE !... POR FAVOR, SEÑORITA !
SÌ, UN CHOCOLAT GLACÉ, CHIQUITO ! CUANTO ?
VOILÀ VOTRE MONNAIE, SEÑORITA !
ATTENDS, TU TE TROMPES, C'EST TROP. ET CE BILLET EST DÉCHIRÉ !?.. EST-CE TOI QUI ...?
VOUS AVEZ L'AUTRE MOITIÉ DU BILLET. MÉFIEZ-VOUS, VOUS ÊTES SUIVIE, LA DEUXIÈME RANGÉE, LES DEUX MOUSTACHUS CE SONT DES POLICIERS. NE VOUS RETOURNEZ PAS, SUIVEZ-MOI !
POOOO
OLLÉEOLLÉOLLÉOLLÉ
MON AMI N'A PAS PU VENIR, IL DIT QU'IL VOUS RETROUVERA À VOTRE HÔTEL ! PAR ICI, UN TAXI VOUS ATTEND !

¡TE RUEGO QUE VENGAS AQUI!
¡ALTO!
DING DING DING DING
1894
TU L'AS EU ?
LA PÉRIODISTA A PRIS UN TAXI, J'AI LE NUMÉRO. VA CHERCHER LA VOITURE!
HUM!
OUF, LE PETIT MARCHAND A RÉUSSI À LEUR ÉCHAPPER!
OÙ EST-CE QUE JE VOUS CONDUIS, SEÑORITA ?
TAXI
QUELQU'UN A DEMANDÉ À VOUS VOIR, MAIS CETTE PERSONNE N'A PAS ATTENDU.
ON M'A CHANGÉE DE CHAMBRE ET... LA PORTE EST OUVERTE!
GLOU GLOU GLOU
!?.. MAIS, VOUS AVEZ UN CERTAIN CULOT, VOUS ALORS! QUI ÊTES-VOUS? QUE FAITES-VOUS DANS MA BAIGNOIRE?
JE PRENDS UN BAIN! ÇA SE VOIT, NON!... QUI A GAGNÉ LE MATCH DE FOOTBALL?...

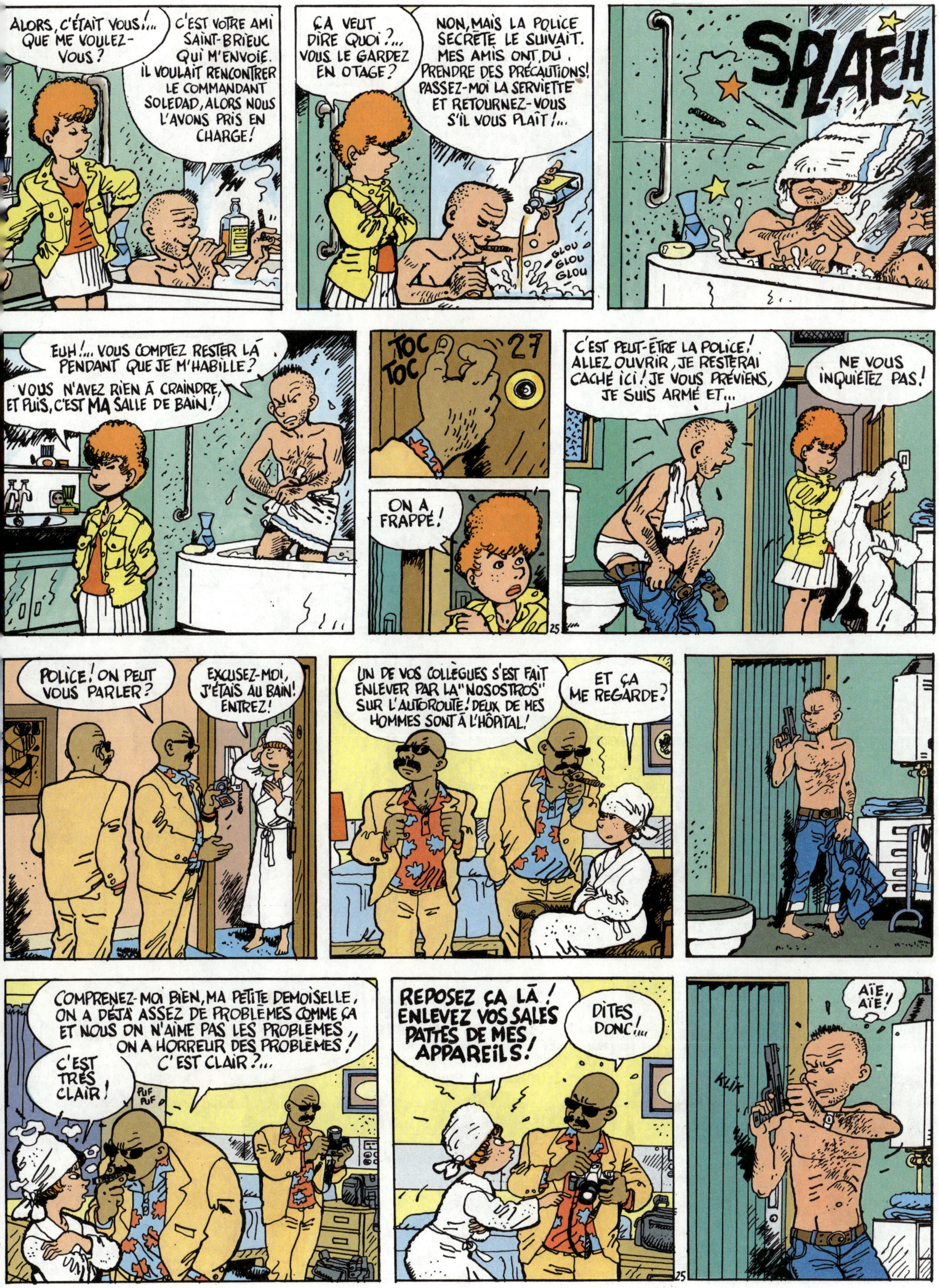
ALORS, C'ÉTAIT VOUS !... QUE ME VOULEZ-VOUS ?
C'EST VOTRE AMI SAINT-BRIEUC QUI M'ENVOIE. IL VOULAIT RENCONTRER LE COMMANDANT SOLEDAD, ALORS NOUS L'AVONS PRIS EN CHARGE !
ÇA VEUT DIRE QUOI ?... VOUS LE GARDEZ EN OTAGE ?
NON, MAIS LA POLICE SECRÈTE LE SUIVAIT. MES AMIS ONT DÛ PRENDRE DES PRÉCAUTIONS ! PASSEZ-MOI LA SERVIETTE ET RETOURNEZ-VOUS S'IL VOUS PLAÎT !...
GLOU GLOU GLOU
SPLATCH
EUH !... VOUS COMPTEZ RESTER LÀ PENDANT QUE JE M'HABILLE ?
VOUS N'AVEZ RIEN À CRAINDRE, ET PUIS, C'EST MA SALLE DE BAIN !
TOC TOC
27
ON A FRAPPÉ !
C'EST PEUT-ÊTRE LA POLICE ! ALLEZ OUVRIR, JE RESTERAI CACHÉ ICI ! JE VOUS PRÉVIENS, JE SUIS ARMÉ ET...
NE VOUS INQUIÉTEZ PAS !
POLICE ! ON PEUT VOUS PARLER ?
EXCUSEZ-MOI, J'ÉTAIS AU BAIN ! ENTREZ !
UN DE VOS COLLÈGUES S'EST FAIT ENLEVER PAR LA "NOSOSTROS" SUR L'AUTOROUTE ! DEUX DE MES HOMMES SONT À L'HÔPITAL !
ET ÇA ME REGARDE ?
COMPRENEZ-MOI BIEN, MA PETITE DEMOISELLE, ON A DÉJÀ ASSEZ DE PROBLÈMES COMME ÇA ET NOUS ON N'AIME PAS LES PROBLÈMES, ON A HORREUR DES PROBLÈMES ! C'EST CLAIR ?...
C'EST TRÈS CLAIR !
PUF PUF
REPOSEZ ÇA LÀ ! ENLEVEZ VOS SALES PATTES DE MES APPAREILS !
DITES DONC !...
KLIX
AÏE, AÏE !

ÇA VA, ÇA VA, JOSÉ, DU CALME!
RENDS-LUI SON MATÉRIEL, ON S'EN VA!
À VRAI DIRE, JE N'ESPÉRAIS PAS VRAIMENT VOTRE COLLABORATION, MAIS JE VOUS AI PRÉVENUE... SIGNALEZ-NOUS VOS DÉPLACEMENTS OU JE VOUS FERAI EXPULSER!
C'EST GENTIL, MERCI!
OUF, ILS SONT PARTIS!
EH BIEN, L'OISEAU S'EST ENVOLÉ!
!
NE VOUS INQUIÉTEZ PAS ON SE RETROUVERA
VOUS UIÉTEZ PAS SE RETROUVE
LE LENDEMAIN MATIN, UN TAXI EMMÈNE J. POINTU VERS LA FAVELA.
VOUS CONNAISSEZ LE CENTRE DE VACCINATION?...
JE VOUS DÉPOSE DEVANT, SEÑORITA!
TAXI
VROOM
DOCTOR 24 HORAS
AH, C'EST ICI!
LA CASA DE LOS JAMONES ESPECIALIDAD DE JAMON POROTOS FRITOS
BONJOUR, ZORA, TU ME RECONNAIS? J'APPORTE UNE POUPÉE À TON PETIT CAMARADE! OÙ EST-IL?... JE NE TROUVE PAS SON LIT?
IL... IL EST MORT HIER SOIR!
CE N'EST PAS MA FAUTE! JE... JE LUI AI PRÊTÉ LA POUPÉE INCA QUE TU M'AVAIS DONNÉE. CE N'EST PAS UNE POUPÉE MAGIQUE. TU M'AS MENTI, ELLE NE L'A PAS PROTÉGÉ. REPRENDS TA POUPÉE, JE N'EN VEUX PLUS!
EH BIEN, JE... JE TE L'ÉCHANGE CONTRE CE GROS NOUNOURS SI TU VEUX. JE T'EN PRIE ZORA, ACCEPTE-LE!
JE VEUX BIEN!

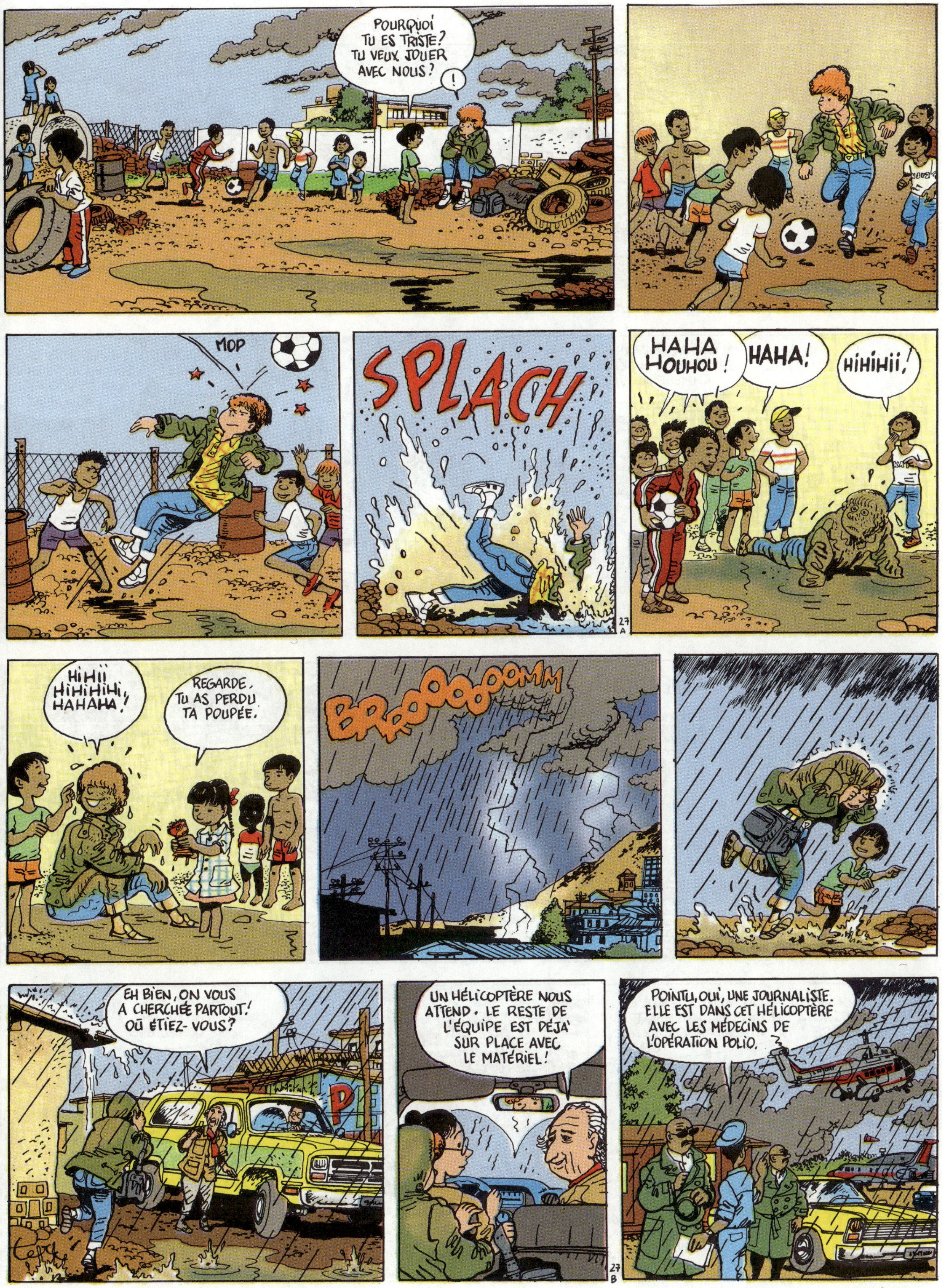

POURQUOI TU ES TRISTE? TU VEUX JOUER AVEC NOUS?
!
MOP
SPLACH
HAHA HOUHOU!
HAHA!
HIHIHII!
HIHII HIHIHIHI, HAHAHA!
REGARDE, TU AS PERDU TA POUPÉE.
BRROOOOOOMM
EH BIEN, ON VOUS A CHERCHÉ PARTOUT! OÙ ÉTIEZ-VOUS?
UN HÉLICOPTÈRE NOUS ATTEND. LE RESTE DE L'ÉQUIPE EST DÉJÀ SUR PLACE AVEC LE MATÉRIEL!
POINTU, OUI, UNE JOURNALISTE. ELLE EST DANS CET HÉLICOPTÈRE AVEC LES MÉDECINS DE L'OPÉRATION POLIO.

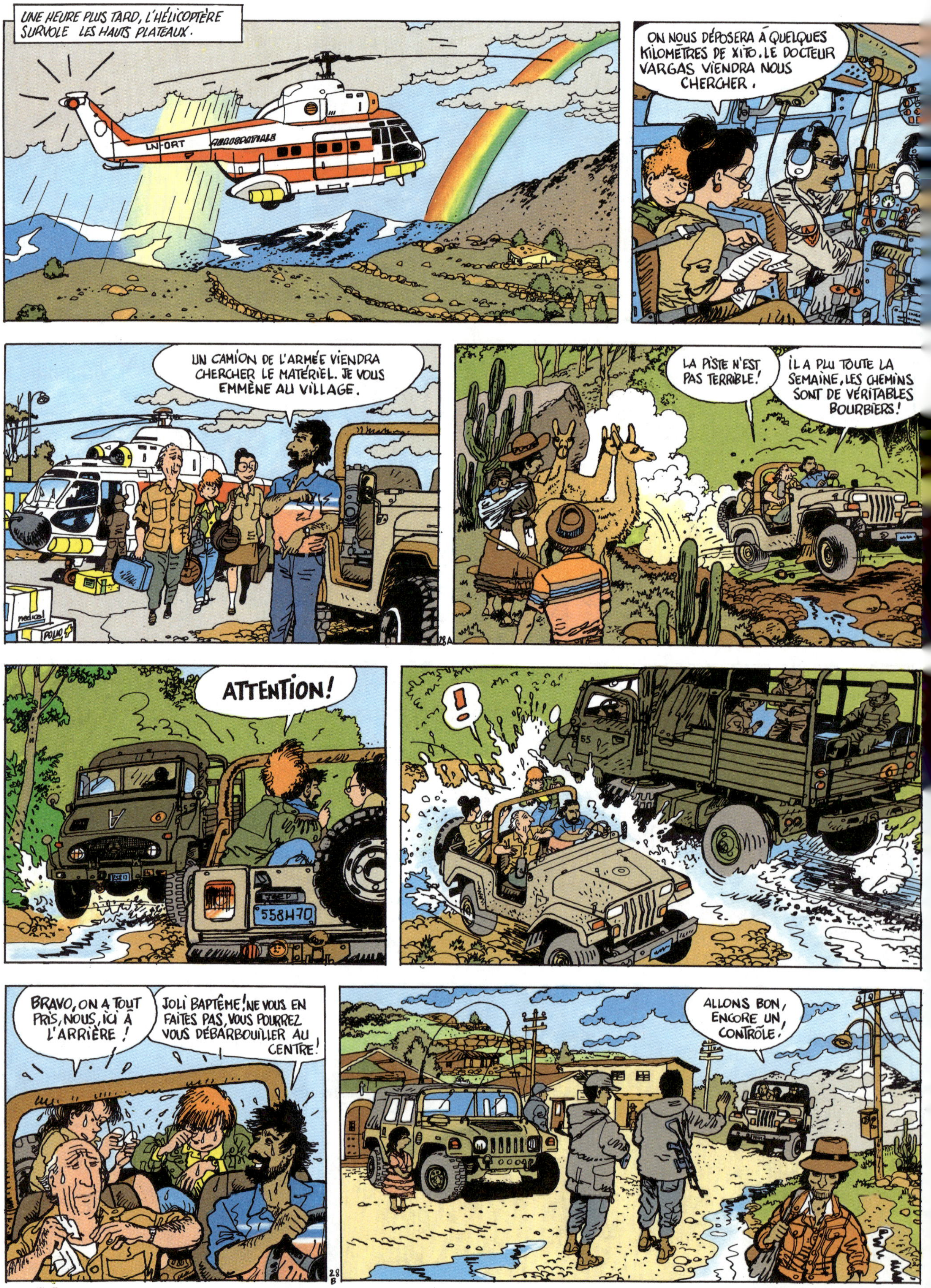

UNE HEURE PLUS TARD, L'HÉLICOPTÈRE SURVOLE LES HAUTS PLATEAUX.
ON NOUS DÉPOSERA À QUELQUES KILOMÈTRES DE XITO. LE DOCTEUR VARGAS VIENDRA NOUS CHERCHER.
UN CAMION DE L'ARMÉE VIENDRA CHERCHER LE MATÉRIEL. JE VOUS EMMÈNE AU VILLAGE.
LA PISTE N'EST PAS TERRIBLE!
IL A PLU TOUTE LA SEMAINE, LES CHEMINS SONT DE VÉRITABLES BOURBIERS!
ATTENTION!
!
BRAVO, ON A TOUT PRIS, NOUS, ICI À L'ARRIÈRE!
JOLI BAPTÊME! NE VOUS EN FAITES PAS, VOUS POURREZ VOUS DÉBARBOUILLER AU CENTRE!
ALLONS BON, ENCORE UN CONTRÔLE.

JEANNETTE POINTU, C'EST VOUS ?
ELLE EST AVEC NOUS !
SÍ, PERIODISTA !
C'EST LE NOM QUI EST SUR MA FICHE, IL FAUT PRÉVENIR LA SÛRETÉ !
JE M'EN OCCUPE !
C'EST LE MARCHÉ, PROFITONS-EN. JE VEUX VOUS MONTRER MES MÉTHODES CAR CE N'EST PAS LE TOUT DE SOIGNER, IL FAUT AUSSI QUE LES GENS AIENT LA POSSIBILITÉ DE SE PROCURER LES MÉDICAMENTS NÉCESSAIRES !
HEUREUSEMENT, IL Y A DANS TOUT LE PAYS DES HERBORISTES TRÈS CAPABLES QUI RÉCOLTENT LES PLANTES MÉDICINALES ET COMPOSENT LES REMÈDES MILLÉNAIRES. ILS REMPLACENT EFFICACEMENT ET À MOINDRE PRIX CERTAINS MÉDICAMENTS DE SYNTHÈSE. COMMENT ÇA VA, FELIPE ?
BONJOUR, PROFESSEUR !
ÇA, C'EST DE LA VALÉRIANE, C'EST UN TRÈS BON ANTISPASMODIQUE !...
J'AI AUSSI DES RACINES DE JALAPA, DE LA SALSEPAREILLE ET DE L'IZTACPATLI, EMPLOYÉ CONTRE LA FIÈVRE !
LA MUSICA, C'EST POUR VOUS, PROFESOR !
GRACIAS, SEÑORES ! C'EST TRÈS GENTIL, JE SUIS TOUCHÉ !
VOICI LE CAMP DES RÉFUGIÉS DU SAN-ESCUDO. IL Y EN A UNE DIZAINE COMME ÇA !
VOICI LE PÈRE DON JOSÉ ! IL NOUS AIDE BEAUCOUP, IL S'OCCUPE DE TOUT ICI !
BIENVENUE, SEÑORITA. VOUS VERREZ, CE N'EST PAS LE TRAVAIL QUI MANQUE ICI !
J'AIMERAIS VOUS ÊTRE UTILE, VOUS TROUVEREZ CERTAINEMENT À M'EMPLOYER, PADRE !
¡SIGUIENTE! ¿CÓMO TE LLAMAS, CHIQUITO ?
¡ANGEL, SEÑORA !
COMMENT ÇA MARCHE ? PAS TROP DÉPASSÉE ?
ÇA SE TERMINE... ET ICI, DOCTEUR ?
DEMAIN, JE CONVOIE DES MÉDICAMENTS JUSQU'AU CAMP DE PACA TARMAC SUR LA MONTAGNE, CHEZ LES QUECHUAS DES ANDES. VOUS M'ACCOMPAGNEZ ?
ÇA ME VA !
VA DIRE À QUI TU SAIS QUE LA PERIODISTA PREND LA ROUTE DE PACA TARMAC DEMAIN MATIN !
SÍ !

LE LENDEMAIN MATIN.
BON DIEU, ÇA TOMBE !
ET CE N'EST ENCORE RIEN, IL PARAÎT QU'IL Y A DE TERRIBLES INONDATIONS DANS LA CAPITALE.
J'AI ÉCOUTÉ LA RADIO, ON DIT QU'UNE PARTIE DE LA FAVELA A ÉTÉ EMPORTÉE PAR DES ÉBOULEMENTS.
ALORS, IL FAUT QUE J'Y RETOURNE !
AH, LES JOURNALISTES !... TRÈS BIEN, VOUS POURREZ PRENDRE LE TRAIN DES ANDES À PACA TARMAC !
VAMOS ! MONTEZ, ON Y VA !
ÇA VA, ON A PIED, JE CROIS QU'ON PEUT PASSER !
KRAAAAK
QU'EST-CE QUE C'EST QUE CE BRUIT ?!...
BRBROBROOOM
!
CE SONT LES PLUIES QUI ONT TRANSFORMÉ CE RUISSEAU EN TORRENT !... HEUREUSEMENT, LE CAMION N'A PAS BOUGÉ MAIS LE MOTEUR EST NOYÉ !
ÇA, JE M'EN DOUTAIS !
CE N'EST PLUS UN CAMION C'EST UNE BAIGNOIRE ! JE CROIS QUE VOUS POUVEZ ARRÊTER LES ESSUIE-GLACE !
N'OUVREZ PAS LA PORTE !

ÇA NE FERA PAS UNE GRANDE DIFFÉRENCE !
PLOUF
LE COURANT M'EMPORTE !
OUF !
IL EST POSÉ SUR LE PONT, IL FAUDRAIT DEUX AUTRES CAMIONS POUR LE DÉGAGER !
JE VAIS CHERCHER DU SECOURS !
MA PAUVRE JEANNETTE, C'EST LE DÉLUGE, IL FAUT TE TROUVER UN ABRI !
BON, ON DIRAIT QUE ÇA SE CALME UN TOUT PETIT PEU !...
LUCY IN THE SKY WITH DIAMONDS
!!
LUCY IN THE SKY WITH DIA
MAIS !?
HAAAAA
LUCY IN THE SKY WITH DIAMONDS
?
PRELING PRELING
CHARLY BABA COOL QUE FAITES-VOUS ICI ?
KRISHNA SOIT AVEC TOI ! APRÈS L'AFRIQUE, J'AI DÉCIDÉ DE FAIRE TOUTE LA CORDILLÈRE DES ANDES À VÉLO MAIS PAS SANS MUSIQUE !
SIQUE !
ZAK

CHARLYY!
CHARLY! BON SANG...
JE SUIS LÀÂÂ!... JE... J'AI VU VA LUMIÈRE! KRISHNA EST GRAND!
DRIIING DRIIING
JE L'AI VU, J'AI VU LA LUMIÈRE RESPLENDISSANTE DE KRISHNA! GLOIRE À KRISHNA!
KRISHNAÂ!
C'EST L'ANTENNE DE LA RADIO QUI A ATTIRÉ LA FOUDRE! VOUS AVEZ EU DE LA CHANCE!
ATTENTION! IL Y A QUELQUE CHOSE QUI VIENT SUR LA PISTE!
TACTACTACTAC
KRISHNA!
!
HAAAAAAAA
PIOUU PIOUUUUUUU
SORTEZ DE LÀ! LES MAINS SUR LA TÊTE!
ÇA VA, ÇA VA!
ÇA VA!
KRISHNA EST GRAND, MON FRÈRE.
CELUI-LÀ NON PLUS N'EST PAS ARMÉ!
CELUI QUI PORTE LE GLAIVE PÉRIRA PAR LE GLAIVE! DIEU EST AMOUR!... SRI AUROBINDO A DIT...
QUI ÊTES-VOUS?
JE VOUS AVAIS DIT QU'ON SE RETROUVERAIT!
VOUS!? QUE SIGNIFIE?
COCO!
JE SAVAIS QUE VOTRE VÉHICULE DEVAIT EMPRUNTER CETTE ROUTE...
... JE VOUS ATTENDAIS; LE COMMANDANT SOLEDAD VEUT VOUS VOIR!
ALERTA! UNE PATROUILLE REMONTE VERS NOUS!
BROBROOM

ÇA VA, ILS NE NOUS ONT PAS REPÉRÉS. REPLIONS-NOUS !
COCO !
VOILÀ NOTRE CAMPEMENT, LE COMMANDANT VA VOUS RECEVOIR TOUT DE SUITE !
LUIS !!.. VOUS... VOUS ÊTES BLESSÉ ?
J'AI PRIS UNE BALLE DANS LE BRAS AU COURS D'UNE OPÉRATION MAIS J'AI LA PEAU DURE, J'EN AI VU D'AUTRES !
J'AI SUIVI LE DÉROULEMENT DES OPÉRATIONS DE VACCINATION. LA GUERRE EMPÊCHE DE POURSUIVRE CET EFFORT SUR LA FRONTIÈRE MAIS C'EST ICI QUE VOUS ALLEZ INTERVENIR !
QU'ATTENDEZ-VOUS DE MOI, LUIS ?
JE VEUX QUE VOUS ALLIEZ À SAN ESCUDO POUR RENCONTRER LA SEÑORA MARIA DONA BELLA. C'EST ELLE QUI DÉTIENT LE POUVOIR LÀ-BAS. ELLE VOUS CONNAÎT, ELLE ACCEPTERA DE VOUS ÉCOUTER... VOUS SEREZ MA PORTE-PAROLE !
JE SUIS D'ACCORD POUR CONCLURE UNE TRÊVE ET CESSER LES COMBATS POUR PERMETTRE À VOS MÉDECINS D'ACCOMPLIR LEUR MISSION HUMANITAIRE !
COMMENT POURRAIS-JE FRANCHIR LA FRONTIÈRE ?
SPITZ SE CHARGERA DE VOUS EXPLIQUER CELA ! ALLEZ ET QUE LA CHANCE VOUS ACCOMPAGNE !
JE RÉUSSIRAI !
C'EST L'HEURE DE LA PIQÛRE, COMMANDANT !
PIQÛRRR !
ET LE PETIT ST. BRIEUC, OÙ EST-IL ?
IL A ÉTÉ CAPTURÉ HIER DANS UN ACCROCHAGE. IL EST DÉTENU À L'ALCAZAR, UN CAMP MILITAIRE !
AU MÊME MOMENT.
OÙ EST LA REPORTER, DOCTOR ?
JE NE COMPRENDS PAS, JE CROYAIS... VOUS AURIEZ DÛ LA CROISER SUR LA PISTE !
ON A TROUVÉ CET APPAREIL PHOTO PRÈS D'UN VÉLO, DANS UN FOSSÉ SUR LA PISTE !
QU'EST-CE QUE ÇA VEUT DIRE ?
ÇA VEUT DIRE QUE CETTE PETITE ÉCERVELÉE A ÉTÉ ENLEVÉE PAR LES REBELLES. JE L'AVAIS POURTANT PRÉVENUE. JE VAIS ALERTER LES GROUPES MOBILES !

(*) VOIR LE FILS DE L'INCA.

ÇA VA COMME ÇA, GRAND-PÈRE, VA TE COUCHER. DEMAIN, IL FAUDRA TE LEVER TÔT!
C'EST UNE HONTE D'ABUSER AINSI D'UN VIEILLARD!
EXCUSEZ-LE, SEÑORITA, IL A UN CARACTÈRE DE COCHON, MA C'EST OUNE COEUR D'OR. VOUS POUVEZ COMPTER SUR LUI. DORMEZ À PRÉSENT.
TOC TOC TOC TOC
EL PLOMO!
VOUS AVEZ ÉTÉ TRAHIS! PARTEZ VITE, LES SOLDATS FOUILLENT TOUTES LES MAISONS!
OUVREZ!
LE LENDEMAIN, SUR LE VERSANT DE LA MONTAGNE QUI SURPLOMBE LE VILLAGE.
ON A EU DE LA CHANCE. METTEZ ÇA, IL FAIT PLUS FROID LÀ-HAUT! J'ESPÈRE QUE VOUS SAVEZ MARCHER?...
ÇA, OUI ALORS!
QU'EST-CE QUE VOUS TRANSPORTEZ, CHICO?
J'AI RACHETÉ LE MATÉRIEL D'UNE EXPÉDITION DE FOUS, DES AMÉRICANOS. LA POLICE LES A CONTRAINTS À ABANDONNER LEUR PROJET. ILS VOULAIENT VOLER SUR LA MONTAGNE COMME LE CONDOR. JE VAIS REVENDRE TOUT ÇA À SAN ESCUDO.

C'EST INCROYABLE, IL Y A UNE AILE DELTA AVEC LA NOTICE DE MONTAGE. CES GARS-LÀ VOULAIENT FAIRE DU PARAPENTE SUR LES ANDES.
DITES-MOI, CHICO, VOUS M'AVEZ BIEN DIT QUE L'AUTRE VERSANT DESCENDAIT SUR LE SAN-ESCUDO, N'EST-CE PAS ?
OUI, MAIS IL Y A TROIS JOURS DE MARCHE AVANT D'ATTEINDRE LE PREMIER VILLAGE !
ET COMMENT FEREZ-VOUS ? VOUS ALLEZ VOLER PEUT-ÊTRE ?
J'Y SERAI AVANT ÇA. IL FAUT D'ABORD ATTEINDRE CE POINT CULMINANT. ALLONS-Y !
C'EST DE LA FOLIE SEÑORITA, VOUS ALLEZ VOUS ROMPRE LE COU !
VENEZ M'AIDER !
SI JE GAGNE TROIS JOURS, CELA FAIT BIEN DES VIES DE SAUVÉES ! ADIOS, CHICO !
VIRACOCHA, PROTÈGE-LA !
HOP !
WAOOW YOUPIIIE C'EST MERVEILLEUX !
!

VA-T'EN, MAUDIT OISEAU, JE NE VEUX PAS JOUER! OUSTE!
OUF !... ILS S'ÉLOIGNENT!... NON !... ILS REVIENNENT! ZUT, J'AI LE SOLEIL DANS LES YEUX, JE NE VOIS PAS BIEN CE QUE C'EST...
CE N'EST PAS UN CONDOR, C'EST UN HÉLICOPTÈRE!
C'EST UN APPAREIL ESCUDIEN, IL M'A VUE, IL VIRE VERS MOI!
FSS FSSS FSSS
FSS FSSS
317
BOUM
BOUM
ILS VONT M'AVOIR, IL FAUT QUE JE ME POSE!
SCHOM
DOUG DOUG

AÏE! JE VAIS CASSER DU BOIS!
KRAAAK
L'INTRUS S'EST ÉCRASÉ DANS LES ARBRES. JE VAIS PRÉVENIR LA PATROUILLE DU FLEUVE!...
DES PARESSEUX! EXCUSEZ-MOI, LES AMIS!
!
KRAAK
PLOUF
!
DES PIRANHAS! HAAAAA!!
DES CAÏMANS! QUELLE HORREUR! JE... JE SUIS PERDUE!
TAK
!

OUF! EH BIEN, COMME ON DIT DANS LES ROMANS D'AVENTURES: ELLE FUT SAUVÉE PAR UN BEAU JEUNE HOMME, FORT ET MUSCLÉ!
KÉZAKO?
POTO POTO!
ATTENDEZ!
TU N'AS PAS BEAUCOUP DE SUCCÈS, MA VIEILLE, TU FAIS FUIR TES SAUVEURS, JE DOIS ÊTRE AFFREUSE!
IL DOIT Y AVOIR UN VILLAGE TOUT PROCHE!
OOH!
OOH!
OOOH-OOOOOOOOO
DOGODOUM
!
!
CE SONT DES CABIAIS! QUELQUE CHOSE A DÛ LES EFFRAYER, JE DOIS VRAIMENT ÊTRE AFFREUSE!
UN CANOT!
BBBRRRRRR R R.

OHÉ PAR ICI !
TAKTAKTAK
KLAK
KLAK
DÉCIDÉMENT, JE NE PLAIS À PERSONNE ICI !
OUF !... EH BEN, J'AI COMPRIS !
PERIODISTA !
¡ ALTO LOS MANOS !
SI, SI ! ON L'A RETROUVÉE ! O.K. ! ON VOUS L'AMÈNE !
OH, QUEL GENTIL PETIT SINGE !
PRENEZ-LE, SENORITA !
QUELQUES HEURES PLUS TARD, DANS LA COUR DE LA PRISON CENTRALE DE SAN-ESCUDO.
POLICIA
NOUS AVONS CRU NÉCESSAIRE DE VOUS FAIRE PRÉVENIR D'URGENCE, MADAME LE MINISTRE !
VOUS AVEZ BIEN FAIT ! OÙ EST-ELLE ?
UN HÉLICOPTÈRE L'A DÉBARQUÉE DIRECTEMENT ICI. ELLE M'A DIT...
C'EST BON, OUVREZ !
115
EH BIEN, MA CHÈRE, CONTENTE DE ME REVOIR ?
MARIA !
MARIA, JE SUIS HEUREUSE... C'EST JUSTEMENT TOI QUE JE VOULAIS VOIR...
ÇA, JE N'EN DOUTE PAS !
JE SUIS L'ÉMISSAIRE DU COMMANDANT SOLEDAD. IL M'A DIT QUE...
CHUUT, PAS ICI, TU ME DIRAS TOUT CELA PLUS TARD !

CEUX QUE VOUS APPELEZ LES REBELLES SONT PRÊTS À CESSER LES COMBATS SUR LA ZONE FRONTALIÈRE POUR PERMETTRE À L'OPÉRATION DE VACCINATION ANTI-POLIO DE SE DÉROULER NORMALEMENT !
C'EST TRÈS INTÉRESSANT, MAIS JE CRAINS LE REFUS DU GOUVERNEMENT !
MARIA, TU ES MINISTRE, TU PEUX PLAIDER CETTE CAUSE...
JE NE SUIS PAS SEULE À DÉCIDER, IL Y A DES INTÉRÊTS CONTRADICTOIRES. TOUT CE QUE JE PEUX FAIRE, C'EST CONVOQUER LA CELLULE DE CRISE DU GOUVERNEMENT POUR SOUMETTRE LA PROPOSITION.
VOILÀ LE PALAIS DU CONSEIL !
DIABLE, L'ENDROIT EST BIEN GARDÉ...
IL Y A EU DES ATTENTATS... LES REBELLES NOUS DONNENT DU FIL À RETORDRE, MAIS IL Y A AUSSI LES NOSTALGIQUES DU COLONEL PEREZ. ON CRAINT UN COUP D'ÉTAT MILITAIRE...
JE VOIS...
EH BIEN, IL N'Y A QU'À ATTENDRE ET ESPÉRER.
C'EST UN INQUALIFIABLE CHANTAGE !
IL N'EST PAS QUESTION DE CÉDER À UN TEL ULTIMATUM DÉMAGOGIQUE !
LE GOUVERNEMENT NE PEUT ACCEPTER LE DIKTAT D'UN GROUPE DE PRESSION TERRORISTE !...
PAN PAN
MESSIEURS, NOUS ALLONS MAINTENANT PASSER AU VOTE DÉMOCRATIQUE...
CERTAINS ÉLÉMENTS DE L'ARMÉE MENACENT LE RÉGIME. UNE RÉCONCILIATION NATIONALE NOUS SERA NÉCESSAIRE POUR RENFORCER NOTRE PRESTIGE. DE TOUTE FAÇON, EN CAS DE REFUS, JE DONNERAIS MA DÉMISSION !...
ALORS ?...
LA TRÊVE EST ACCEPTÉE, LE CONVOI DE LA CROIX-ROUGE POURRA FRANCHIR LE PONT DE NABITA DANS VINGT-QUATRE HEURES. CET AVION TE RAMÈNE DIRECTEMENT AU PARADOR.
JE NE SAIS COMMENT TE REMERCIER, MARIA !

O.K, BIEN COMPRIS, LIMA. BRAVO, NOUS VOUS AMENONS LE COLIS PRÉVU! ATTERRISSAGE DANS VINGT MINUTES, OVER!
ELLE NE SE RENDRA COMPTE DE RIEN, TOUT IRA BIEN. JE ME CHARGE D'ELLE DÈS L'ATTERRISSAGE!
C'EST CURIEUX, ON DIRAIT QUE NOUS ALLONS ATTERRIR SUR UN TERRAIN MILITAIRE!.. UNE ESCALE TECHNIQUE PEUT-ÊTRE...
LEVEZ LES BRAS, MA PETITE, ON DESCEND ICI!
MAIS?..
QU'EST-CE QUE CELA SIGNIFIE?
DÉSOLÉ, SEÑORITA, VOTRE MISSION S'ARRÊTE ICI!
JE SUIS MANDATÉE PAR VOTRE GOUVERNEMENT! VOUS RENDREZ COMPTE DE VOS AGISSEMENTS!
NOTRE RÉGIMENT EST EN RÉBELLION. NOUS ATTENDONS LE RETOUR DE NOTRE CHEF POUR MARCHER SUR LA CAPITALE!
HIIIIK
"LE RETOUR DE NOTRE CHEF!..." QUEL CHEF?
ARRIBA
VIVA SOLEDAD
VIVA LA MUERTE
CARDO
UN HÉLICOPTÈRE VA SE POSER DANS LA COUR DE LA CASERNE!
COLONEL PEREZ, MES HOMMES SONT PRÊTS, NOUS ATTENDONS VOS ORDRES!
TRÈS BIEN, GÉNÉRAL, QUE LA COLONNE BLINDÉE SE METTE EN ROUTE IMMÉDIATEMENT, JE PRENDS LE COMMANDEMENT!
LE COLONEL PEREZ!
C'EST UN PUTSCH MILITAIRE!... ILS VONT FAIRE ÉCHOUER LA TRÊVE, TOUT EST PERDU!

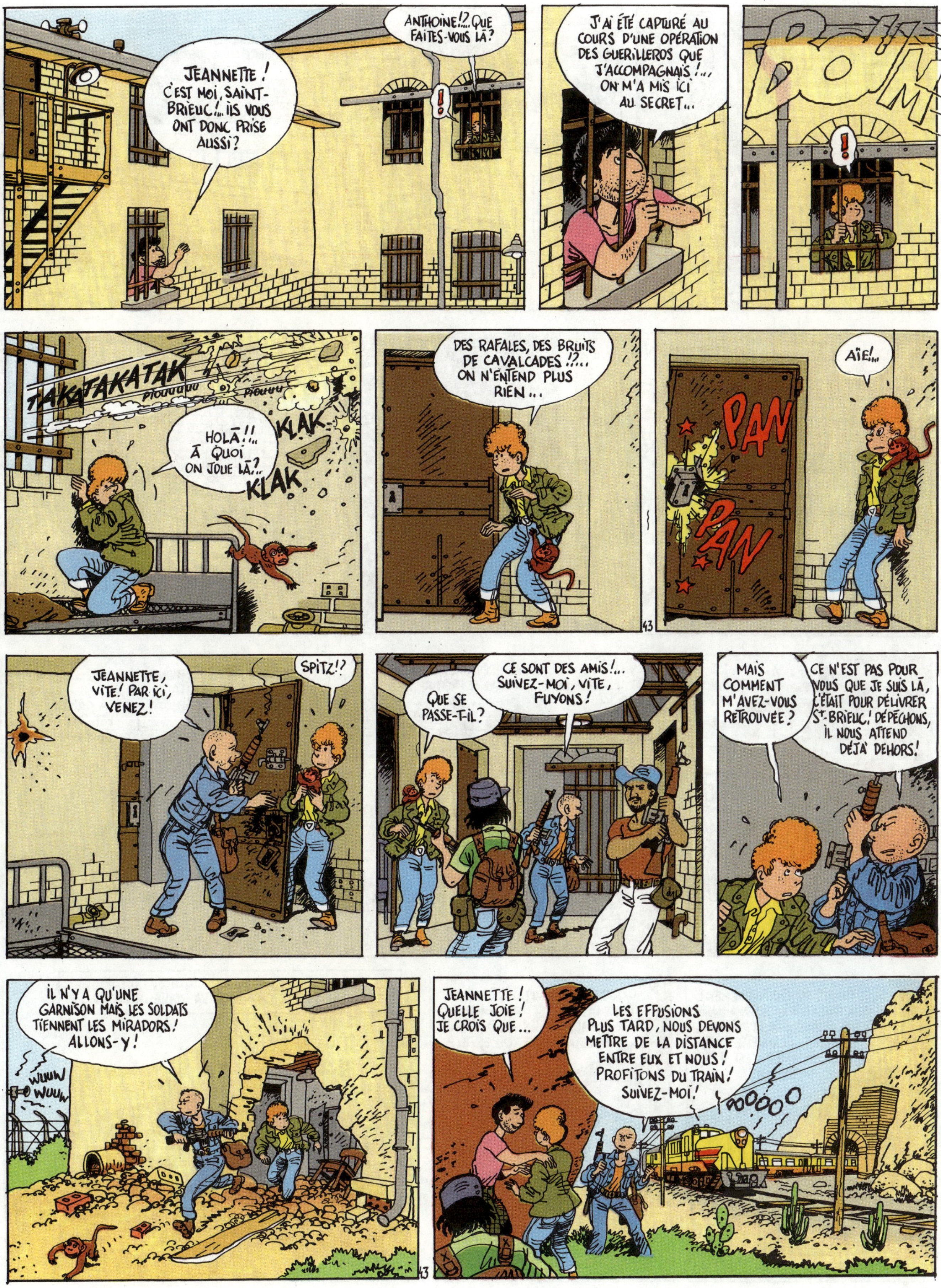

JEANNETTE ! C'EST MOI, SAINT-BRIEUC !... ILS VOUS ONT DONC PRISE AUSSI ?
ANTHOINE !? QUE FAITES-VOUS LÀ ?
!
J'AI ÉTÉ CAPTURÉ AU COURS D'UNE OPÉRATION DES GUERILLEROS QUE J'ACCOMPAGNAIS !... ON M'A MIS ICI AU SECRET...
BOUM
!
TAKATAKATAK
PIOUUUUU
PIOUUU
HOLÀ !!... À QUOI ON JOUE LÀ ?...
KLAK
KLAK
DES RAFALES, DES BRUITS DE CAVALCADES !?... ON N'ENTEND PLUS RIEN...
AÏE !...
PAN
PAN
JEANNETTE, VITE ! PAR ICI, VENEZ !
SPITZ !?
QUE SE PASSE-T-IL ?
CE SONT DES AMIS !... SUIVEZ-MOI, VITE, FUYONS !
MAIS COMMENT M'AVEZ-VOUS RETROUVÉE ?
CE N'EST PAS POUR VOUS QUE JE SUIS LÀ, C'ÉTAIT POUR DÉLIVRER ST-BRIEUC ! DÉPÊCHONS, IL NOUS ATTEND DÉJÀ DEHORS !
IL N'Y A QU'UNE GARNISON MAIS LES SOLDATS TIENNENT LES MIRADORS ! ALLONS-Y !
WUUW
WUUW
JEANNETTE ! QUELLE JOIE ! JE CROIS QUE...
LES EFFUSIONS PLUS TARD, NOUS DEVONS METTRE DE LA DISTANCE ENTRE EUX ET NOUS ! PROFITONS DU TRAIN ! SUIVEZ-MOI !
TOOOOOO

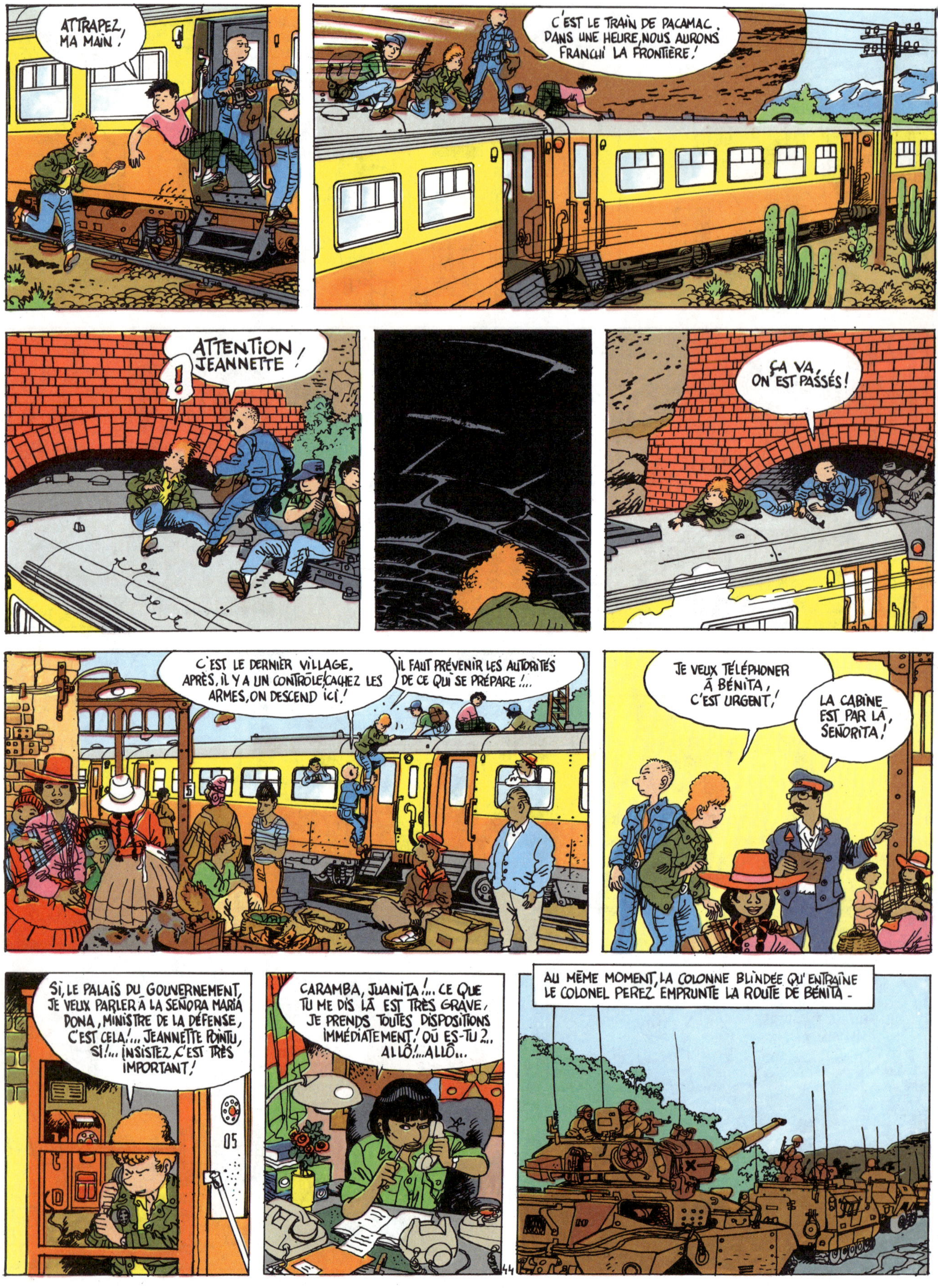
ATTRAPEZ, MA MAIN!
C'EST LE TRAIN DE PACAMAC. DANS UNE HEURE, NOUS AURONS FRANCHI LA FRONTIÈRE!
!
ATTENTION! JEANNETTE!
ÇA VA, ON EST PASSÉS!
C'EST LE DERNIER VILLAGE. APRÈS, IL Y A UN CONTRÔLE. CACHEZ LES ARMES, ON DESCEND ICI!
IL FAUT PRÉVENIR LES AUTORITÉS DE CE QUI SE PRÉPARE!...
JE VEUX TÉLÉPHONER À BÉNITA, C'EST URGENT!
LA CABINE EST PAR LÀ, SEÑORITA!
SI, LE PALAIS DU GOUVERNEMENT. JE VEUX PARLER À LA SEÑORA MARIA DONA, MINISTRE DE LA DÉFENSE, C'EST CELA!... JEANNETTE POINTU, SI!... INSISTEZ, C'EST TRÈS IMPORTANT!
05
CARAMBA, JUANITA!... CE QUE TU ME DIS LÀ EST TRÈS GRAVE, JE PRENDS TOUTES DISPOSITIONS IMMÉDIATEMENT! OÙ ES-TU?... ALLÔ!... ALLÔ...
AU MÊME MOMENT, LA COLONNE BLINDÉE QUI ENTRAÎNE LE COLONEL PEREZ EMPRUNTE LA ROUTE DE BÉNITA.

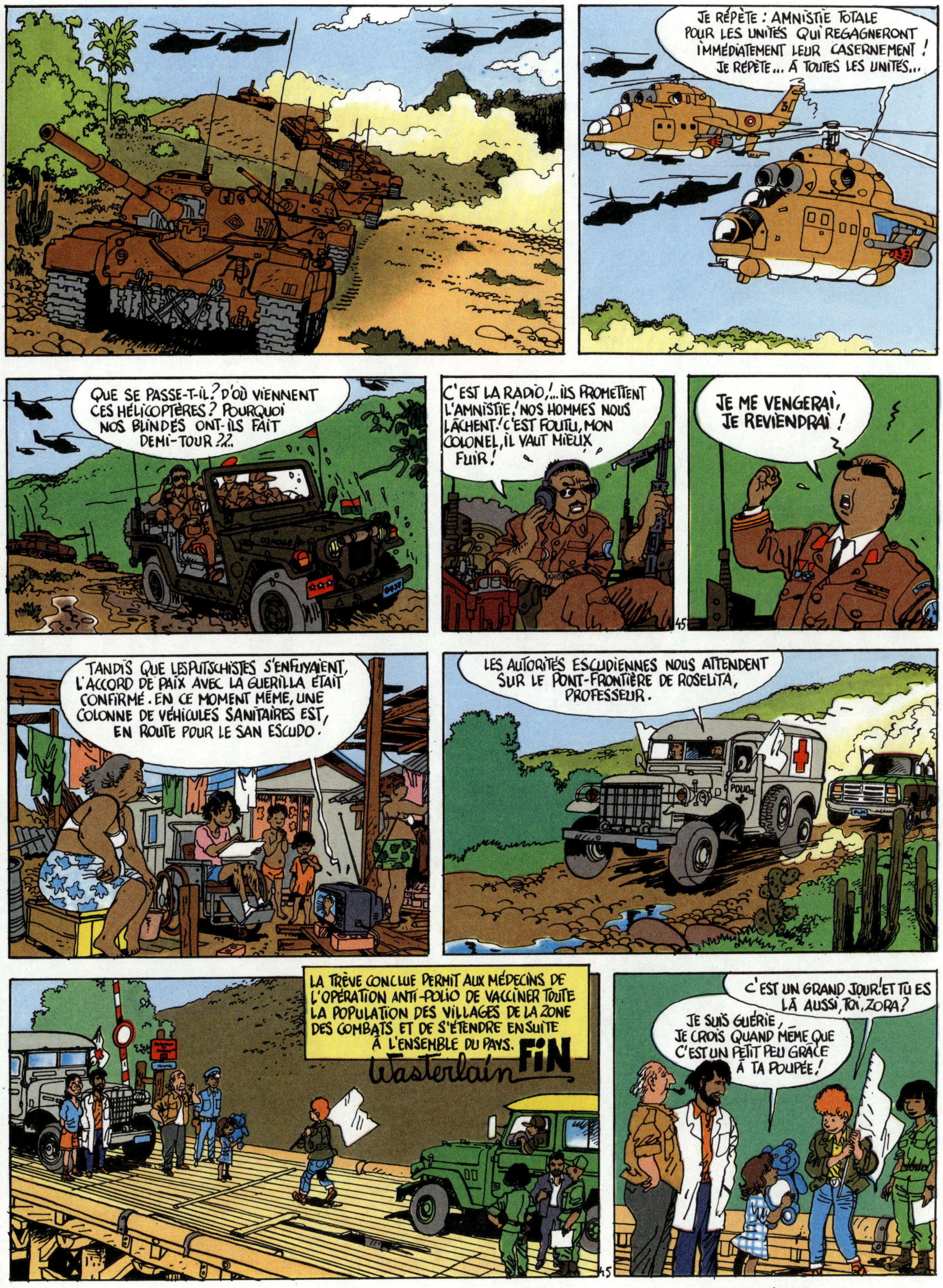

COULEURS : VITTORIO